F

ACTE PUBLIC

POUR

LE DOCTORAT.

cte public sur les matières ci-après sera soutenu
le vendredi 6 janvier 1826, à 2 heures, par
Charles-Jacques GUENOUX, né à Paris, le 24 oc-
tobre 1802.

PRÉSIDENT, M. BERRIAT-SAINT-PRIX, PROFESSEUR.

FRAGANS,
MM. BLONDEAU,
DUCAURROI,
DEMIAU,
CAILLAU,

PROFESSEURS.

SUPPLÉANT.

JUS ROMANUM.

DE LIBERIS ET POSTHUMIS INSTITUENDIS VEL EXHEREDANDIS.

Quum in primis romanæ reipublicæ temporibus quædam domestica regni species patri familias concederetur, quum latissima potestas huic tribueretur in liberos et in res suas, nihil in privatis æque firmum erat ac testamentum, in quo totum faciebat mera nuda voluntas defuncti, ut sic testatur lex XII tabularum; pater familias uti legassit super pecuniæ tutelæ ve suæ rei ita jus esto. Patris silentium aut abdicatio cujus exemplum videre est apud Valerium Maximum lib. 5, cap. 8, ubi Torquatus filium suum Sillanum è conspectu suo abire jubet, sine dubio habebantur pro exheredatione liberorum quos ter vendere aut occidere potuisset. Sed mox Romani intellexerunt reipublicæ interesse privatas fortunas non perturbari, et hanc latissimam testandi libertatem coarctare, salvâ lege tentaverunt.

Ipsa constitutio familiæ primum remedium obtulit. Videbatur filius familias, vivo patre, quodammodo dominus et particeps, patre defuncto liberam bonorum administrationem adipisci, non autem hereditatem adire quam illi repudiare non licebat , (ab hereditate se abstinere postea tantum jure prætorio concessum fuit) indè prudentibus visum est filium heredem existere jus suum exheredatione abscinderetur, et illo præterito patris testamentum inutile esse. Hoc antiquitus obtinuisse jure civili, ex Cicerone, de oratore 1. 38, colligere possumus.

Quum filiæ et nepotes quos pater non præcedebat, ab intestato ad hereditatem vocarentur, illis quoque adimi debuit, sed facilius tanquam remotioribus, quare inter cæteros potuerunt exheredari , filius autem debuit nominatim. Hujus differentiæ rationem attulit Montesquieu (Esprit des lois, liv. 27). Filii exhæredatione nepotes involvebantur, non autem filiæ cui sui heredes numquam extitissent. Istis præteritis testamentum valebat sed suis institutis in virilem accrescebant, [extraneis in dimidiam. (Gaius., inst. II, 124.)

Leges 1, 2, 3, D. de lib. et post. inst. l. 3, D. de injust. rupt. test. l. 3, c. de lib. præt. Quomodo nominatim intelligendum sit ostendunt, et ex illis constat defuncti sententiam servari quocumque modo demonstretur ille de quo locutus est, quamvis nomen non adhibuerit, sed aliud indubitabile signum , studium, ut artem, ætatem, colorem, (Theophile, inst. l. 2, t. 13.) sive convitium aut elogium id est exheredationis causam addiderit dummodo vera probetur. l. 14-15. D. de lib et post. inst.

Exheredatio nihil aliud est quam forma quædam necessaria ad coarctandam testandi facultatem inventa, ita ut successio legitimis non scriptis heredibus deferatur, si illam testator omiserit. Inde multa sequuntur. (*V.* D. Edouard Ganz , Romisches Er-brecht, etc. id. et du droit de succéder chez les Romains, etc. t. 2, p. 104 et suiv.)

Sui omnes instituendi aut exheredandi sunt, sed sui tantum nam frustra hereditas testamento adimeretur, cui lege non pertineret, et hoc significat verbum ipsum exheres; sicut ex consul, ex prætor dicitur. Ideo uxor quæ coemptione aut confarreatione in manum convenit, aut in manu filii nubit; filius qui ex prima, secunda, ve manumissione revertitur in potestatem patriam, qui successione aut adoptione quasi agnascitur, antea nequidquam exheredati non ut sui sed ut extranei testamentum rumpunt quod renovandum est. (Gaius., inst. 11, 139-141).

At non idem est quum de suo posthumo agitur, scilicet de eo qui si vivo testatore fuisset natus, in ejus familia proximum gradum obtinuisset. Prima fronte illius institutioni aut exheredationi obstabat, quod erat incerta persona, quum autem obtinuisset jure civili suos instituendos vel exheredandos, et posthumus suus sit, hoc ipso exceptus videtur. Eadem ratio Adrianum movit quum suo senatus-consulto jussit testamentum post mortem patris non rumpi, quasi agnatione illius cujus nomine erroris causa probabatur quia forte natus esset ex peregrina vel latina quæ per errorem quasi civis romana ducta esset. (Gaius , inst. 11, 142-143.)

Fœminis sui non sunt, inde matris præteritio pro exheredatione ducitur, et idem dicendum est de posthumo quem cœso utero haberet; ideo lex 4, D. de lib. et posth. fert omnem masculum posse posthumum heredem scribere. Quamvis eo verbo nullus masculus excipiatur, non trahendum est ad eum, qui ut castratus liberos tollere non potest. l. 6, h. t. Sed spadoni aut hermaphrodito qui non possunt facile generare, illi qui per valetudinem aut ætatem liberos forte sparare nequit, posthumos instituere licet, et sic superius testamentum rumpere. l. 9, h. t. hujus differentiæ ratio ea est. Castratus posthumum instituendo quem sperare prorsus non potest, nihil agit, et illius testamentum ab initio nullas vires habet quasi nullam institutionem continens, cæterorum autem testamentum tum solum infirmatur quum spes posthumi defecerit.

Cæterum posthumos instituendi aut exheredandi latissima tribuitur libertas. Sive quis uxorem sterilem, sive omnino non habeat, nam et maritus repudiare uxorem potest, et qui nondum duxit maritus effici. l. 4, h. t. et recte indeterminatus posthumus scriptus est ex quacumque uxore nascatur. Ex certa uxore vidua aut innupta scribere heredem licet, dummodo illius nuptiæ honeste sperari possint, quòd in sorore naturali aut in vestali numquam accidit : si autem servitus, aut tutela tantummodo obstant, connubium erit quum ancilla manumissa fuerit, quum pupillæ rationes fuerunt redditæ, et elapso tempore quo per integri restitutionem retractari queunt. l. 28, D. l. t.

In posthumis primum eadem observata fuerunt quam in suis jam natis. Filius nominatim exheredandus aut instituendus erat. Filiam et nepotes inter cæteros licebat exheredare cum adjectione tamen legati ne per oblivionem præteriti viderentur. (Ulp.

Frag. t. 22, § 19. 21). Postea vero per virilem sexum posthumi descendentes ad similitudinem filiorum nominatim non exheredati agnascendo testamentum rumpebant. l. 3, D. de injust. rupt. Hæc omnia sustulit, Justinianus jussit que natos et posthumos cujuscumque sexus aut gradus nominatim exheredari. l. ult. C. de lib. præt. Sed antiquæ differentiæ cuncta vestigia in pandectis non sublata fuerunt, quorum unum exemplum videre est.

Filius pure exheredandus est. l. 3, D. h. t. cur ita? quia si sub conditione exheredaretur, nec institueretur sub contraria; præteritus esset deficiente conditione; in eodem casu cæteri liberi quia nominatim non erant exheredandi, inter cæteros, exheredati videntur; ideo quod hic de filio dicitur de cæteris liberis quoque dicendum erat. (V. Cujas, t. 1ᵉʳ, p. 910).

Non autem ea conditio est intelligenda quæ ultimo vitæ momento impleri potuit nam minus deficere videtur quam omitti, et filio imputandum est quod illam non expleverit. Contra sub casuali conditione institutus, et quidem in defectione exheredatus, si pendente conditione decesserit, ante suam mortem nec institutus nec exheredatus, tanquam præteritus ab intestato heres decessisse videtur, et idem obtineret si post mortem filii quis institueretur. l. 28, 13. D. h. t. Juri novo magis consentaneæ sunt leges 22 et 24 de posthumis h. t. si posthumus institutus fuerit sub conditione quæ antequam nascatur extiterit non testamentum rumpit quia institutio jam pura est. l. 22, posthuma sub conditione heres instituta si pendente conditione vivo patre nascatur rumpit testamentum ; l. 24. Exheredatio enim vires non habet ante aditam hereditatem et multo minus vivo patre qui testamentum fecit. Mortuo patre, posthuma inter cæteros exheredata inveniretur, idem veteri jure post defectam conditionem non rupisset testamentum, contra posthumus qui non nominatim exheredatus pro præterito habebatur. Hoc sine dubio subjecerat Paulus, omisit autem Tribonianus quia jure novo uterque nominatim exheredandus est. l. ult. C. de lib. præt. (V. Cuj. , t. 5, p. 10 33).

Alia causa est filiorum superstitum, alia posthumorum, illi injustum testamentum faciunt, hi rumpunt, illi semper, hi si nascantur, licet insecto ventre vel non integri dummodo nascentur his mensibus quibus partus perfectus est. l. 12. d. h. t. l. 3. de posth. hæred. inst. sed in hoc conveniunt ut ab omni hereditate, ab omnibus heredum gradibus, et ab omnibus exheredibus sint exheredandi.

Quum jure civili necesse, sit hereditatem suis adimere hanc formam dividi non posse sequitur. Pro parte tantum exheredatus omnino non exheredatus videtur, et exheredatio non rite facta habetur pro præteritione. Quare is quis filio suo in postestate decem legaverit, adjecerit que in cætera parte exheres mihi erit, Scævola respondit non recte exheredatum videri. l. 19. h. t. Exhæredationes non esse adjuvandas minus ad rem attinet; nam si de institutione agitur, quæ ex defuncti volontate pendet, illius sententia exploranda est, et tunc expressisse et intellixisse idem est : in exheredatione autem, an forma juris civilis observata fuerit quærendum, et hic nihil facit voloutas defuncti quod lege. 13. h. t. significatur: multi non notæ causa exheredant filios nec ut eis obsint sed ut eis consulant, eis que fidei commissam hereditatem dent.

Si plures heredum gradus instituti fuerunt, ut omnes valeant ab omnibus filius exheredandus est Nec interest utrum ante heredum institutionem an inter duos gradus an post omnes exheredatio fiat, dummodò plane appareat id defunctum eo consilio scripsisse ut ab omnibus exheredaret. l. 3. D. h. t. l. 1. c. de lib. præt. Marcus decrevit idem in posthumo quam in filio servandum nec ratio diversitatis reddi potest. l. 3. d. de injust. rupt.

Pars testamenti in qua filius præteritus fuit inutilis est, inde si a primo gradu præteritus a secundo exheredatus fuisset, Sabinus et Cassius et Julianus putant, perempto primo gradu testamentum ab eo gradu exordium capere unde filius exheredatus est. l. 3. D. h. t. Si a primo herede instituto filius exheredatus fuit, non autem a substituto, et decedat dum pendet an prior aditurus sit, non erit secundus heres quasi ab initio inutiliter institutus. Si in posthumo idem acciderit ut natus vivo primo a quo exheredatus sit morietur, eadem de substituto dicenda erunt. Contra quum filius ipse substitutus fuit, hoc gradu testamentum incipit, nam nihil refert utrum filius exheredetur aut instituatur, dummodo non sit preteritus. Quod autem vulgo dicitur eum gradum a quo filius præteritus sit non valere, non usquequoque verum est nam si primo gradu sit institutus non debet a substitutis exheredari. l. 14. D. h. t.

Quædam differentia inter filium et posthumum

notata fuit. Filio præterito ab omnibus gradibus totum testamentum inutile est, sed pro eo gradu valet a quo institutus aut exheredatus fuisset. Posthumo non solum ab omnibus gradibus præterito, sed etiam a primo gradu, totum testamentum rumpitur. Posthumus enim præteritus a primo gradu exheredatus a secundo agnascendo statim primum gradum rumpit, etiam si non pertineat ad primum hereditas, exempli gratia, pendente conditione institutionis; et rumpendo, sibi locum facit ab intestato, ac proinde repellit etiam substitutum, institutum agnatione substitutum occupatione, quia prevenire eum in ea hereditate videtur, id est legitima successio prius delata fuit quam testamentaria ex secundo gradu. Filius a primo gradu præteritus a secundo exheredatus non rumpit institutionem quæ ab initio nulla fuit, sibi ipsi non locum facit ac proinde testamentum a substitutione initium capere videtur. l. 3. 14. D. h. t. l. 3. l. 5. D. de injust. rupt. Cujas, t. 1", p. 1141.

Ab omnibus coheredibus posthumus exheredandus est. Si ego et Titius instituti simus et a nobis posthumus exheredatus sit, non a substitutis nostris, Titio defuncto ne ego quidem adire potero; jam enim propter instituti personam a quo posthumus exheredatus est, in cujus locum substitus vocatur a quo posthumus exheredatus non est, ruptum est testamentum. l. 19. D. de injust. rupt. nam quum nemo partim testatus partim intestatus decedere possit, testamentum quod pro parte ruit totum ruit. Sed si ego et Titius invicem substituti simus, aut ego solus Titio substitutus fuissem, quamvis a substitutione posthumus non exheredaretur, jure accrescendi assem haberem sine ullo respectu ad substitutionem quæ hic pro supervacua ducenda est. l. 19 D. de injust. rupt. Pothier, Pandectæ Justinianeæ, t. 2. p. 622.

Secundum ea quæ diximus sui posthumi omnes debent institui aut exheredari, alieni contra illi scilicet qui in familia proximum gradum non tenent nec institui nec exheredari possunt. Sed inde evenit ut posthumus qui tempore facti testamenti alienus videtur, et postea nascitur suus necessario testamentum rumpat, exempli gratia nepos quem tempore facti testamenti filius præcedebat et qui avo agnascitur quod pater ejus ante decesserit. Illius institutioni prima fronte obstabat regula catoniana, inutilem ab initio institutionem tractu temporis non convalescere, sed Aquilius Gallus ostendit hunc nepotem qui suus nasceretur, institutui posse jure civili quum posthumus esset suus, non alienus, et ad hoc hanc formulam proposuit.

Si filius meus vivo me morietur tunc si quis mihi ex eo nepos sive quæ neptis post mortem meam in decem mensibus proximis quibus filius meus moreretur natus nata ve erit heredes sunto.

Ad hanc formulam quædam præcipue notanda sunt. Pure instituitur filius, nepos in eum casum quo suus nascitur, sed illa secunda institutio substitutio non est, nam passim in hac lege 29. institutio vocatur substitutio nusquam, et vero quoad successionem institutio est, nam filio qui vivo avo mortuus est numquam delata fuit hereditas, et priori nepoti defertur, nam si nepos posthumus esset substitutus, filio, vivo testatore, mortuo rumperet primum gradum, et coheredes filio dati non possent admitti, sed quoad scripturam nepos substitutus est. (V. Cujas, t. 1er, p. 931.)

Idem Cujacius existimat exheredari posse nepotem posthumum si filio dati sint coheredes secus si solus filius sit institutus, et rationem reddit, quia solo filio instituto, nepos exheredaretur destituto jam testamento, qui scilicet exheredaretur sub illa conditione si filius vivo testatore decederet. At datis coheredibus potuit nepos recte exheredari, quia testamentum quamvis filius, vivo testatore, moriatur ab aliis coheredibus sustinetur. Quidam existimaverunt ex formula Aquilii Galli non posse nepotem exheredari, et ideo docuisse Gallum quo modo posset institui, numquam autem mentionem fecisse exheredationis, quia ne posthumus ipse nepos rumpat duntaxat potuit institui non exheredari. Pro ratione afferunt quamvis filio dati sint coheredes, tamen quum nepos sit institutus sub ea conditione, si filius, vivo testatore, morietur, ab ipso filio non est exheredatus, ut pote qui post mortem filii exheredatus est. Ergo exheredatio nulla est nec potest a cæteris coheredibus sustineri, quum exheredatio non valeat nisi ab omnibus coheredibus facta sit. l. 3. D. h. t. Sed merito respondetur a filio instituto, nepotem, posthumum Aquilianum non debuisse exheredari, quoniam ejus institutio aut exheredatio in id tempus confertur quo filius jam mortuus erit vivente avo, et recte exheredatur posthumus sub ea conditione quæ eo nascente impleta invenitur. l. 22. D. de lib. et posth. l. 1. § 5. 9. D. de ventre. in poss. mitt. V. Finestres de Monsalvo. p. 223.

Filius et nepos recte exheredari possint filius purè
et posthumus sub illa conditione, si filius vivo testatore morietur, nam sub conditione posthumum exheredare licet dummodo illo nascente impleatur,
l. 22. D. h. t. v. Cujas, t. 1"„ p. 931.

Illa Aquilii Galli sententia ex interpretatione prudentum duas ampliationes accepit; et primum cre-
diderunt posse etiam nepotem posthumum utiliter
institui, omissa mentione mortis filii, ita ut nepotis
institutio facta valeat eo casu qui in verbis concipi
possit, sed hôc tantum de morte filii intelligendum
est, nam testatori, mortis suæ mentio facienda est,
qui solus casus est in quem Aquilius Gallus prospi-
cere voluit.

Ad pronepotes quoque Galli formula intenditur,
et dicta lege. 29. § 2, 3, 4. tres casus afferuntur.

Primus est, si quis sibi præmortuo filio nepotem
habeat, et pronepotem nasciturum qui interim in
ventre est velit instituere ne præteritus rumpat, is
recte sic pronepotem instituet : si, me vivo, nepos
decedat, tunc qui ex eo pronepos, etc.

Secundus casus est, si quis præmortuo nepote,
habeat superstitem filium et nepotis præmortui uxorem prægnantem, recte sic testatur : si, me vivo, filius morietur tunc qui pronepos post mortem meam
nascetur in decem mensibus proximis quibus nepos
meus decesserit heres esto.

Denique si quis habeat filium et nepotem supers-
tites, ita pronepotem recte instituit : si filius et nepos, vivo me, decesserint, tunc qui pronepos, etc. Sed
in hoc casu necesse est nepotem præmori, alioquin
filio præmoriente nepos succedendo testamentum

rumperet, ex secundo capito legis velleæ, nec jure civili testamentum convalesceret quamvis vivo avo decederet filius.

In his omnibus ita Aquilii Galli formula concipitur, si filius si nepos, me vivo, morietur; quum autem alio modo suus esse desinit, filius deportatione scilicet, nepos emancipatione nonne videtur nepos aut pronepos præteritus quasi in hunc casum non institutus? Nec poterit sustineri testamentum ex lege vellea quæ non pertinet ad nepotes posthumos post mortem patris natos; ex sententia autem legis velleæ ad similitudinem mortis cæteri casus admittendi sunt, quod hoc modo probatur. Legis velleæ ea mens fuit, omnes rumpendi casus tollere qui vivo testatore accidere possint posthumi agnatione aut sucessione. Si nihil statuit de posthumis qui post mortem testatoris nascerentur, his satis provisum fuisse credidit ex formula Galli, et illis non prospiciendo, tacite declaravit hos omnes casus in Aquilii Galli formula supplendos esse.

Sed si filius captus ab hostibus ibi moriatur post mortem testatoris et ex eo nepos nascatur, illum instituere avus neutro jure posse videtur nam in Aquilii Galli formula hæc conditio continetur, si filius, vivo patre, moriatur; et lex vellea hunc tantum posthumum institui permittit, qui vivo avo nascitur, in hac utilitate dicendum est licere patri ex jure antiquo nepotem instituere generaliter his verbis, qui mihi post mortem meam suus nascetur, aut quodcumque liberorum, vel quicumque liberi mihi post mortem meam nascentur, et his verbis includuntur omnes casus quibus nascuntur sui hæredes.

Hæc interpretatio maxime admittenda est post legem velleam quæ multos rumpendi casus sustulit, nec dicit de suis nepotibus qui post mortem testatoris nascuntur. l. 29. § 6. D. h. t.

Si autem in eadem specie filius et ex eo nepos pure instituantur et post mortem patris atque avi redeat nepos ab hostibus, ad jus antiquum an ad legem velleam hic casus pertinebit? Ad jus antiquum nam nepos agnasci videtur quum revertitur, ad jus novum nam postliminium omnia retroagit quod quidem probandum esset nisi posset dubitari an in his questionibus veritas potius quam fictio spectari oporteat. Alias utroque jure commodissime fuit institutus. l. 29. D. h. t. §7.

Si nepos nascatur vivo patre suo, deinde ex eo concipiatur, is que nascatur mortuo patre deinde avo, an poterit hæres institui? Nepos non natus suus et quem in familia pater præcedebat numquam recte fuit institutus, pronepos autem quem nullus gradus præcessit, nam mortuo patre suo et avo natus est, tanquam suus recte instituitur. l. 29. D. § 8.

Nunc de lege vellea dicendum est. Primum caput illius legis quidam inutile putaverunt, nam formula Aquilii Galli vivo filio nepos institui poterat in eum casum quo suus futurus est. Sed ex Ulpiano frag. tit. 22. § 15. constat eos posse institui qui in utero sunt, jure civili si post mortem nostram nascantur si vero, vivis nobis, ex lege julia vellea, ergo quod antea vetabatur, lex illa permisit, et instituere aut exheredare hoc genus posthumorum licuit, qui aliter testamentum rupuissent, nam exheredatio non rite facta pro præteritione habetur. Cur autem hoc sic obtinuerit ratio non inelegans data fuit. Olim interpretatione prudentum receptum erat personas incertas non posse institui, verum quoniam suus posthumus agnascendo testamentum rumpebat eo tempere quo renovari non poterat, receptum fuit hoc casum posthumos instituere licere. Illi autem qui, vivis nobis, nascuntur alio facto testamento institui possunt, ideo in illis necessitas non videbatur a regula recedendi: sed quia observatum fuit aliquando accidere nasci posthumum, vivo quidem patre vel avo, qui ipse decederet antiquam possit aliud testamentum condere, ut exemplum videre est in lege 15. D. h. t. §. 1., hoc emendavit lex vellea et concessum fuit, omnes posthumos heredes instituere qui sui futuri essent etiam si vivo testatore nascantur.

Inde si testator filium habeat et nepotem nondum natum, illius institutioni obstare videtur quod alienus posthumus est non suus quem pater in familia præcedit. Sed non inspiciendum est tempus testamenti, si tempus quo nascitur ex lege ipsa observandum sit et sic se lex habet; qui testamentum faciet is omnis viriles sexus qui ei suus heres futurus erit etc. etiam si, vivo patre, nascantur.

Secundum caput legis velleæ eos spectat qui tempore testamenti jam nati sunt post testamentum autem succedendo in suorum heredum locum incipiunt sui esse heredes. Nihil refert, quocumque modo quasi angascantur sive per captivitatem per mortem vel pænam l. 6. D. de injust. rupt. test. Ita interpretendum est si quis ex suis heredibus suus esse desierit, ut ad omnes casus pertineat quos supplendos in Aquilii Galli sententia vidimus. Inde si quis filium nepotem et pronepotem habeat pronepos testamentum non rumpet, succedendo in locum nepotis, quamvis post filium mortui, nam ille scilicet institutus aut exheredatus fuit, quod non obtineret si fuisset præteritus. l. 29. D. §§ 13, 14.

Sed hic casus neque ad primum neque ad secundum caput legis velleæ pertinere videtur. Quidam filium habens instituit nepotem nondum natum. Nepos nascitur et posteà in locum filii succedit vivo testatore. Primum caput permittit institui illos qui nascuntur vivo testatore, et ille suus non natus est. Secundum caput vetat eum rumpere qui tempore testamenti natus vivo testatore suus esse incipit et ille non natus erat tempore testamenti. At quum permissum fuit in primo capite, nondum natos institui, in secundo, succedentes in locum sui et hæc duo concurrant, permixtis duobus legis capitibus testamentum sustinendum est. l. 29. D. §. 15.

Secundum ea quæ diximus ut omnes comprehendantur casus quibus posthumus suus esse potest sic instituendus est; sive me vivo, sive me mortuo nascatur. Si autem generaliter neutrius casus mentione facta : qui mihi nascetur heres esto in utrumque casum institutus videtur. At si unus tantum casus exprimatur alter suppleri non potest L. 10. h. t. nisi forsan testator justam ignorantiæ causam habuerit, quod probat lex. 25. § 1. D. h. t.

Sed obstat lex ultima C. de posth. hered. inst. cujus sensus talis est : Si testator his verbis usus fuerit filius vel filia qui intra decem menses proximos mortis meæ editi fuerunt heredes sunto et vivo testatore nascantur testamentum non ruptum erit. V. Cuj., t. 1er, p. 923.

Nunc ad ea despiciamus quæ jus prætorium introduxit de exheredatione filiorum aut posthumorum. Hereditates deferuntur jure civili quod prætor servare debet, sed æquitate motus bonorum possessiones secundum aut contra tabulas introduxit, ut bona successionis ad eos perveniant quos jus civile non admisisset, quamvis nomen heredis legitimis aut scriptis heredibus maneat.

Jure civili qui in familia esse desierunt, jam non exheredari debent, jure prætorio autem liberi emancipati, aut qui alias exierunt de patris potestate ad bonorum possessionem contra tabulas vocantur nisi instituti aut exheredati fuerint. l. I. D. de bon. poss. cont-tab. Sed hoc de minima capitis deminutione intelligendum est non de media vel maxima quibus etiam jus naturale dissolvitur, servos aut peregrinos prætor non novit antequam libertati aut civitati restituti fuerint, hos autem liberos vocat, qui testatori sanguinis necessitatibus semper junguntur quamvis capitis minores sint, id est, familiam mutarint vel amiserint. 1. § 1 L. 2. B. P. cont. tab.

Nepotes qui remanserunt sub potestate avi ex qua illorum pater exierit, et vice versa nepotes quos avus emancipavit, patre retento, quamvis videri non possint exiesse de patris potestate cui nunquam subjecti fuerunt, quum sint tamen naturales liberi à prætore ad bonorum possessionem admittuntur. l. 6 §. 2. l. 7 l. ult. D. de B. P. cont tab. l. 5. § 1 D. si tab. test. null. Non tantum ipsi emancipati vocantur ad bonorum possessionem, verum etiam liberi quoque qui ex his postea nati sunt, quasi pater capite minutus non fuisset. l. 3. l. 6 D. h. t. Denique per edic-

tum nulli obest minima capitis deminutio, et ut bo
na successionis ad institutos heredes perveniant, jure
prætorio necesse est capite minutos institui aut exheredari, tanquam sui jure civili, id est filius nominatim, filia aut nepotes inter cœteros, et illis præteritis datur bonorum possessio secundum tabulas.

Sed observandum est jure prætorio tale testamentum non esse nullum tanquam jure civili testamentum in quo sui præteriti sunt, subsistere autem
quamdiu præteriti silent, quod sic probatur. Filius
præteritus recte petit bonorum possessionem contra
tabulas; hoc ipso tabulas, intelligi necesse est, et
distingui ab ea bonorum possessione unde liberi quæ
illis datur si nullæ tabulæ extant. l. 10. l. 12. D. de
hered. quæ ab intest. Si testamentum septem testium
signis signatum fuerit licet solemnia quædam jure
civili requisita desint, scriptis in eo heredibus bonorum possessio secundum tabulas datur, et volontas
defuncti servatur dummodo liberi præteriti, contra
tabulas bonorum possessionem non vindicent. Ulp.
frag. tit. 28. §. 6. 4. l. 12. l. 17. D. d. injust. rupt.
l. 12. D. de B. P. cont. tab. Prætor enim proprii
juris auctor custos est juris civilis, scriptis heredibus bonorum possessionem simpliciter pollicetur,
sed ne fiat inutilis illum æquissimum ordinem sequitur. Expectandi sunt liberi quamdiu bonorum
possessionem petere possunt, quod si tempus fuerit
finitum aut ante decesserint, vel repudicaverint, vel
jus petendi bonorum possessionem amiserint, tunc
revertitur bonorum possessio ad scriptos. 1. 2. D.
de B. P. sec. tab. V. Vinnium inst. lib. 2. tit. 13.
p. 365. Finestres de Monsalvo. p. 42. Filiæ et nepo-

tibus bonorum possessio contra tabulas quoque da-
batur, sed ne solidi actione extranei heredes a tota
hereditate repellerentur, Antoninus rescripto suo signi-
ficavit non plus nancissi fœminas per bonorum possessionem quam quod jure accrescendi consequerentur.
Gaïus. inst. 2. 124. 126. Pluribus emancipatis, qui
instituuntur bonorum possessionem contra tabulas
petere non possunt, si autem unus sit præteritus,
quamvis ipse sileat, edictum committitur, et institutis bonorum possessionem petere licet, quibus
aliquando plus juris ita tribuitur quam habituri
fuissent si soli fuissent instituti. l. 3. § 11. l. 8 §
14. l. 10 § 6. de B. P. cont tab.

Quum posthumus præteritus, vivo testatore,
natus decessit, licet juris scrupulositate nimiaque
subtilitate testamentum ruptum videatur, attamen si
signatum fuerit bonorum possessionem secundum
tabulas accipere heres scriptus potest. l. 12. D. de
injust. rupt.

De lege vellea dicentes l. 29. § 4. D. de lib. præt.
Cujus sensus talis est : si quis filium et nepotem su-
perstites habeat, utrisque mortuis, vivo se, tunc qui
pronepos nasceretur institui potest ; vidimus si prior
decesserit filius, nepotem succedendo rumpere testamentum, jure præterio autem sustinendum est. l.
12. D. de injust. rupt. Quamvis forsan objici posset
hanc legem quæ de posthumo post testamentum nato
loquitur ad posthumum tempore testamenti natum
trahendam non esse. In hoc distat posthumus à filio
qui præteritus nullum et semper injustum testamentum facit, quamvis vivo patre decesserit. Pro
ratione diversitatis affertur facilius convalescere

quod ab initio valuit quam quod numquam valuit.

Denique ad jus novum transeamus. Justinianus ut ipse profitetur l. 4 6 de lib. præt. cupidus corrigendi vitium antiquæ subtilitatis, et naturam sequendi quam accusare videbatur vetus differentia inter mares et fæminas, jussit eadem observari in filiabus, in nepotibus, in posthumis masculini aut feminini sexus exhæredandis, quam quæ antea in filio observabantur, id est omnes nominatim exheredari; sed antiquæ differentiæ omnia vestigia non delevit ut jam notavimus de filii exheredatione pure facienda , et quamvis hoc discrimen inter filium et cæteros liberos imperatoris sententiæ non respondeat, servandum tamen est quod jus novum ultra fines suos extendere non licet.

Quidam novellam 115 cap. 3. ad exheredationem respicere putaverunt, et si defunctus illi non paruerit, testamentum ipso jure nullum esse. Quamvis credamus cum Cujacio Voët-Vinnio, Finestres de Monsalvo et Pothier, novellam 115, ad querelam inofficiosi partinere de que nobis sermo non est, tamen merito dicitur posthumos jam non posse exheredari, quum in illos nulla causa ingratitudinis cadat, et testamentum nullo argumento defendi possit.

DROIT FRANÇAIS.

Le droit civil étant le droit propre à chaque nation, celui qu'elle s'est donnée à elle-même, et qui
règle les droits et les devoirs de ses membres, consi-
dérés comme personnes privées, il était naturel de
commencer le Code civil des Français par l'exposition
des personnes auxquelles il s'applique.

L'exercice des droits civils est indépendant de la
qualité de citoyen. Celle-ci s'acquiert conformément
à la loi constitutionnelle, actuellement muette à ce
sujet depuis que les registres civiques établis par la
constitution de l'an VIII n'existent plus. Elle est suspendue par l'état de domestique à gages, de débiteur
failli et d'interdiction judiciaire. Elle se perd par la
condamnation aux travaux forcés à temps, au ban-
nissement, à la réclusion, au carcan et à la dégrada-
tion civique. (Code pénal, art. 28 et 34.)

On est Français par droit de naissance. On le devient

par la réunion à la France du pays que l'on habite, par la naturalisation, ou par des lettres de naturalité. (Décret du 17 mars 1809. Sénatus-consulte du 19 février 1808.) Tout individu né en France d'un étranger, peut dans l'année qui suit l'époque de sa majorité réclamer la qualité de Français, en remplissant les formalités prescrites par l'art. 9 du Code civil. La même faculté est accordée en tout temps et aux mêmes conditions à l'enfant né en pays étranger d'un Français qui aurait perdu la qualité de Français. La femme veuve, devenue étrangère par son mariage avec un étranger, et le Français qui a perdu la qualité de Français, doivent en outre obtenir l'autorisation du Roi : mais tous ces individus ne recouvrent les droits civils que pour l'avenir.

On a voulu en excepter comme n'étant pas compris dans l'article 20, le fils de l'étranger dont parle l'article 9. On a argumenté si cette expression *réclamer*, en l'opposant à celle de *recouvrer*, employée dans les art. 10, 18 et 19, et l'on a dit que l'effet de cette condition accomplie remonte au jour de sa naissance, suivant la nature de toutes conditions suspensives. (M. Toullier, t. 1er, p. 233.)

Mais cette opinion est contraire à l'esprit général du Code qui tend toujours à ne pas entraver la circulation des biens, et à assurer la propriété. Comment croire que le législateur ait voulu accorder un pareil droit au fils de l'étranger né en France, tandis qu'il le refuse expressément au fils du Français devenu étranger. L'art. 20 n'ayant d'autre but que d'abolir l'ancienne jurisprudence relative aux lettres de déclaration, n'a pas dû parler du fils de l'étranger qui ne pouvait jamais en obtenir. (M. Delvincourt, t. 1er, p. 192.) Au reste, cette question a perdu de son importance depuis la loi du 24 juillet 1819, qui confère aux étrangers le droit de succéder des pères, et recevoir en France de la même manière que les Français.

L'étranger jouit des mêmes droits civils en France que ceux accordés aux Français par les traités de la nation à laquelle il appartient. (Art. 11.) Mais cet article n'étant pas limitatif a été critiqué avec raison comme ne disant rien autre chose, sinon que les traités doivent être exécutés. En effet, il est une foule de droits civils, tels que celui d'ester en jugement, de contracter mariage, de prendre hypothèque, etc., que l'on accorde et que l'on a toujours accordé à l'étranger, sans qu'il existât avec sa nation aucun traité à ce sujet, sans même s'inquiéter si les lois étrangères donnaient ces mêmes droits aux Français. (M. Merlin, t. 16, p. 329.)

Si l'étranger n'est pas domicilié en France, les jugemens obtenus contre lui entraînent la contrainte par corps; et même après l'échéance ou l'exigibilité de sa dette, la loi du 10 septembre 1807 autorise, dans certains cas, le président du tribunal de première instance à ordonner son arrestation provisoire, et alors il ne peut obtenir son élargissement après cinq ans; car la loi du 15 germinal an VI n'ayant pas été rappelée dans celle du 10 septembre 1807, cesse d'être applicable. L'étranger a trop de moyens de soustraire sa fortune à ses créanciers français. D'ailleurs, outre les motifs d'humanité, quel créancier

voudrait retenir en prison un débiteur vraiment in-
solvable dont il paie les alimens?

L'étranger peut être cité devant les tribunaux
français pour des obligations contractées envers un
Français, même en pays étranger, à moins que celui-ci n'eût alors son domicile au lieu où le contrat
a été passé. Car l'étranger ne devait pas s'attendre à
être distrait de ses juges naturels, et s'il l'eût su,
peut-être ne se serait-il pas engagé.

En toutes matières autres que celle de commerce,
l'étranger demandeur est tenu de donner caution
pour le paiement des frais, à moins qu'il ne possède
en France des immeubles d'une valeur suffisante pour
assurer ce paiement. Mais est-il par là même obligé
de donner hypothèque?

On dit pour l'affirmative qu'il peut vendre ses
propriétés pendant le procès, et par là priver le
Français de la garantie que la loi lui donne, qu'un
jugement est nécessaire pour constater la justification
de propriété, et qu'en vertu de ce jugement on peut
prendre une hypothèque judiciaire. (M. Delvincourt,
t. 1er, p. 199.)

Mais on répond qu'il ne faut pas ajouter à la sé-
vérité de la loi; que si l'étranger vend ses immeubles, il sera tenu de donner caution; que l'hypothèque judiciaire n'a lieu que pour une dette échue, et
que celle du paiement des frais est seulement con-
ditionnelle; qu'enfin, dans l'usage, on ne prend pas
hypothèque, et qu'il n'en est résulté aucun incon-
vénient.

DE LA PERTE DE LA QUALITÉ DE FRANÇAIS.

La qualité de Français se perd par tout établissement fait en pays étranger sans esprit de retour. On ne saurait fixer aucune règle précise à ce sujet. C'est une question de fait, dont la preuve doit être fournie par le demandeur, et dont la décision est entièrement abandonnée à la sagesse des tribunaux.

Le Français, qui sans autorisation du Roi a accepté des fonctions publiques ou pris du service militaire chez l'étranger, perd la qualité de Français, et dans ce dernier cas, il ne peut la recouvrer qu'en remplissant les formalités prescrites à l'étranger pour devenir citoyen, c'est-à-dire dix ans de stage politique.

La Charte et la loi de 1819 ont entièrement abrogé le décret du 26 août 1811, relatif à la naturalisation acquise en pays étranger, avec ou sans autorisation.

DE LA PRIVATION DES DROITS CIVILS PAR SUITE DE CONDAMNATIONS JUDICIAIRES.

La condamnation à la mort naturelle, aux travaux forcés à perpétuité et à la déportation (Code pénal, art. 18.) emportent la mort civile. Ses principaux effets sont indiqués par l'art. 25 du code.

Les condamnations contradictoires n'emportent la mort civile qu'à compter du jour de leur exécution, soit réelle, soit par effigie. (Art 26.)

Sur un article si simple en apparence, et que les gens du plus médiocre entendement devraient comprendre à la lecture, trois opinions diverses se sont élevées. Les uns prétendent que la mort civile commence du *moment* de l'exécution, d'autres du jour *inclusivement*, d'autres enfin du jour *exclusivement*.

On dit en faveur de la première opinion : la mort civile n'est pas une peine, mais la suite d'une peine; elle ne doit commencer qu'après l'exécution, l'effet ne pouvant précéder la cause.

En règle générale, quand la loi se sert de cette expression *à compter de tel jour*, on ne compte jamais le *dies à quo*. Si on ne peut ici le négliger entièrement, au moins faut-il dire que la mort civile n'est encourue que par l'exécution et du moment de l'exécution. (M. Delvincourt, t. 1ᵉʳ, p. 210.)

Les partisans de la seconde opinion répondent : la mort civile n'est pas la suite d'une peine, mais de la condamnation à une peine. (Art. 22.) Le législateur prévoyant que le recours en grâce, un jour de fête légale, retarderait quelquefois le supplice du condamné, a bien voulu reculer la mort civile jusqu'au jour de l'exécution, mais non jusqu'au moment; car il eût rendu la mort civile impossible s'il ne l'eût faite commencer avant la mort naturelle.

L'article 25 dit que le condamné perd la propriété de tous ses biens, que sa succession est ouverte de la même manière que s'il était mort naturellement et sans testament, et n'est-ce pas une preuve évidente que dans tous les cas l'homme survit au citoyen et meurt à la société avant de mourir à la nature?

La troisième opinion, qui prolonge la vie civile au-delà de la vie naturelle, s'appuie principalement sur la nécessité de signifier le jugement à la société; mais outre que la procédure et le jugement sont publics, n'est-il pas au moins inutile d'avertir que le lendemain on ne pourra plus contracter avec un homme mort la veille?

Si la mort civile commence du jour de l'exécution inclusivement, c'est-à-dire à minuit, comment régler l'ordre de succéder entre deux personnes respectivement appelées à la succession l'une de l'autre, et condamnées à être exécutées le même jour? Ce n'est pas ici le cas d'appliquer les présomptions de survie établies par les art. 720 et 722 du Code, puisque leur succession ne s'ouvre pas par leur mort naturelle, mais par leur mort civile, absolument au même instant. Cette difficulté ne prouve pas cependant que la mort civile doive commencer du moment de l'exécution, car elle se retrouverait dans le cas de deux contumaces successibles l'un de l'autre, exécutés par effigie, et qui ne se représentent pas pendant les cinq ans.

Les condamnations par contumace n'entraînent la mort civile qu'après ce délai, pendant lequel le condamné est privé de l'exercice des droits civils, mais en conserve la jouissance; ainsi son mariage subsiste, ses enfans sont légitimes, les successions sont recueillies en son nom, etc. L'art. 22 du Code civil dit que ses biens sont administrés de la même manière que ceux des absens; et l'art. 471 du Code d'instruction criminelle en donne le sequestre à la régie des domaines. Mais on a observé, avec raison, que cette dernière disposition est implicitement abrogée par l'abolition de la confiscation. En effet, on peut élever contre elle le reproche de punir une famille entière de la faute d'un de ses membres; et l'art. 475 atteste cette injustice en voulant y remédier. Faut-il maintenir le genre de possession précaire qui détériore le plus des biens auxquels le fisc ne doit jamais prétendre, au lieu de prendre les mesures prescrites aux titres des absens, mesures également favorables à toutes les parties intéressées, le condamné ou ses héritiers ?

Si le condamné ne se représente qu'après les cinq ans, il peut recouvrer la vie civile pour l'avenir; mais le premier jugement conserve, pour le passé, les effets produits par la mort civile depuis l'expiration des cinq ans jusqu'au jour de sa comparution en justice. - (Art. 3o.)

On a demandé, au sujet de cet article, si le condamné ne rentrait pas dans ses biens; et on a donné pour l'affirmative les raisons suivantes :

1° D'après l'art. 471 du Code d'instruction criminelle, le compte du sequestre doit être rendu à qui de droit, quand la condamnation est devenue irrévocable par l'expiration du délai accordé pour purger la contumace. D'après l'art. 635 ce délai est de vingt ans. Or, l'administration des biens n'eût pas été conservée pendant vingt ans au domaine, si après cinq ans ils eussent dû appartenir aux héritiers du condamné.

2° Invoquer l'art. 3o du Code civil, et dire que

le jugement conserve, pour le passé, les effets que la mort civile aura produits, c'est une véritable pétition de principes, puisque la question est de savoir si l'effet du jugement par contumace est d'ouvrir, après cinq ans, la succession du condamné au profit de ses héritiers. (M. Delvincourt, t. 1er, p. 218.)

D'un autre côté, on a argumenté de ces expressions du Code, *dans le cas où le contumace est absous ou condamné à une autre peine n'emportant pas mort civile;* et l'on a dit que l'art 30 ne s'appliquait pas au cas où il aurait été *acquitté.* (M. Carnot, de l'instruction criminelle, t. 2, p. 541.)

Quelque spécieuse et équitable que soit cette opinion, il semble impossible d'y souscrire.

1° En admettant que le séquestre ne soit pas aboli avec la confiscation, il n'est pas vrai de dire qu'il doive durer vingt ans. Si l'on argumente de la généralité de l'art. 471, on y oppose la seconde partie de l'art. 476, qui excepte formellement les condamnations emportant mort civile, et reproduit l'art. 30 du Code, bien loin d'y déroger.

2° L'on objecte que la question est de savoir si le dépouillement irrévocable du contumace est un des effets du premier jugement; la réponse est facile. Elle se lit dans les art. 27, 25 et 30 du Code civil. Le premier décide que les condamnations par contumace entraînent la *mort civile* après les cinq ans qui suivent l'exécution par effigie; le second nous apprend, que par la mort civile, le condamné perd la propriété de tous ses biens, *que sa succession est ouverte au profit de ses héritiers;* et le troisième ajoute que le premier jugement conserve, pour le passé, les effets que la *mort civile* a produits.

Quant à l'argument tiré des expressions de l'art. 30, on y répond par ces paroles de l'orateur du tribunat. « Quelque soit l'issue du nouveau jugement, les effets « de la mort civile encourue après les cinq ans de « l'exécution du premier, sont irrévocables. » (Motifs du Code. t. 1ᵉʳ, p. 99.)

Les biens acquis par le condamné depuis la mort civile encourue, et qu'il possédera au jour de son décès, appartiendront à l'État par droit de déshérence, (art.) Mais cet article semble aboli avec la confiscation.

Lors de sa communication au tribunat il fut vivement attaqué. S'il est vrai, disait-on, que la succession du mort civilement une fois partagée, tous les liens du sang soient rompus, ceux qui jadis étaient ses parens, peuvent déposer contre lui en justice, quoiqu'aux degrés prohibés par la loi. Ses père et mère, ses enfans, cessent d'être légitimes : mais s'ils le sont toujours il en est de même des collatéraux. Cela posé, au lieu d'admettre le droit de déshérence en faveur du fisc, on doit dire qu'il y a des héritiers tant qu'il y a des parens légitimes, et que les priver des biens du condamné n'est pas déshérence, mais confiscation.

Afin de l'encourager au travail par l'assurance que ses biens appartiendront à ses parens, il faut regarder sa seconde succession comme un complément de la première, et y appeler les mêmes héritiers ou leurs représentans. (Conférence du Code civil. t. 1ᵉʳ, pag. 176.)

Le conseil d'état ne répondit pas à ces observations, mais elles n'en subsistent pas moins ; et si la parenté n'est pas détruite ; si les enfans, les père et mère du condamné ne pourraient lui refuser des alimens, si cette prétendue déshérence, n'est autre chose *que le dépouillement des enfans innocens, dépouillement qui détruit la famille lorsqu'il ne s'agit que de punir un coupable ;* aujourd'hui que la confiscation est abolie par la charte, on ne doit pas la maintenir sous un autre nom. Peut-être allé-guera-t-on la faculté laissée au roi de faire, au profit des enfans du condamné, telles dispositions que l'humanité lui suggérera ; mais pourquoi demander, à titre de grâce, ce qu'on peut obtenir comme justice ? (V. M. Carnot, de l'instruction criminelle, t. 3, p. 283. Commentaire sur le Code pénal. t. 2, pag. 566.)

DU DOMICILE.

Code civil , livre 1er, tit. 3.

Le sujet dont traite ce titre a perdu de son importance depuis que toute la France est soumise aux mêmes lois. Le domicile ne sert plus maintenant qu'à déterminer le tribunal où l'on doit être assigné en matière personnelle ; le lieu où le mariage doit être contracté, et celui où s'ouvrent les successions.

Il y a plusieurs espèces de domiciles. Le domicile politique déterminé par les lois constitutionnelles , le

domicile civil, le domicile élu, et le domicile de secours, c'est-à-dire le lieu où l'homme nécessiteux a
droit aux secours publics. (Loi du 25 vendémiaire
an 11.) Quand une maison est située sur les limites
de deux arrondissemens, elle appartient à celui où
se trouve la porte principale.

Le domicile d'origine, celui qui donne la naissance, se conserve jusqu'à ce qu'on en ait acquis un
autre par le fait d'une habition réelle dans un autre
lieu, joint à l'intention de s'y établir.

La réunion de ces deux circonstances est indis-
pensable. Ainsi, les prisonniers, les condamnés aux
travaux publics, les exilés, quelque soit le lieu de
leur résidence, conservent le domicile d'où ils ont
été forcés de s'éloigner ; de même, la volonté la plus
expresse, ne peut faire acquérir un autre domicile
sans habitation réelle.

La preuve de l'intention résulte d'une double déclaration faite à la municipalité du domicile que l'on
quitte, et à la municipalité du domicile que l'on
prend. A défaut de ces déclarations, l'intention se
prouve par une foule de circonstances dont l'appré-
ciation a été abandonnée aux tribunaux. Les princi-
pales sont : exercer les droits politiques, acquitter les
charges personnelles et locales, payer une patente,
faire le service de la garde nationale, accomplir dans
un endroit les devoirs de sa religion, s'y dire demeu-
rant dans les actes.

Le défenseur doit être assigné en matière personnelle devant le tribunal de son domicile ; (Cod. de
proc. art. 59.) mais ce principe reçoit les exceptions
qui dérivent nécessairement de la nature des cho-

1° Quoiqu'on n'ait jamais qu'un seul domicile, on en a quelquefois plusieurs apparens, et auxquels on peut être valablement assigné. En effet, quand pour reconnaître le véritable domicile, les tribunaux sont obligés de peser une foule de circonstances contradictoires et d'examiner un grand nombre d'actes privés, comment un créancier qui souvent ne peut connaître la plupart de ces circonstances et de ces actes, serait-il puni de s'être trompé sur le lieu du domicile ? comment ne pas imputer au débiteur une erreur qu'il lui eût été si facile de prévenir par les déclarations aux municipalités ?

2° Il serait injuste de forcer un commerçant à réclamer le prix de ses marchandises devant un tribunal éloigné du siége de ses affaires, sur-tout quand son débiteur résidait dans la même ville que lui à l'époque des fournitures, et que les contestations à ce sujet ne sauraient être jugées ailleurs. S'il n'existe aucun texte formel, à ce sujet, on peut au moins invoquer l'intention du législateur exprimée au conseil d'état et l'on voit sur la question qui nous occupe, qu'il laisse à la jurisprudence le soin de lever les doutes et d'applanir les difficultés. (M. Locré, Esprit du code civil, t. 2. p. 221.)

Il y a plusieurs classes de personnes dont la loi a fixé le domicile d'une manière nécessaire et indépendante de leur volonté. Tels sont, le fonctionnaire public, appelé à des fonctions à vie et inamovibles, le mineur émancipé, le majeur interdit, les majeurs travaillant chez autrui, et il ne s'est élevé aucune difficulté à leur égard. Mais on demande si la femme mariée conserve après la séparation de corps le domicile de son mari, et l'on établit ordinairement la négative, sur ce que, par la séparation de corps, la femme cesse d'être tenue d'habiter avec son mari et acquiert le droit d'avoir une résidence distincte; (M. Proudhon, t. 1er p. 122; M. Duranton, t. 1er p. 281.) Cependant il est difficile de se rendre à cette opinion en voyant les motifs qui on fait donner à la femme mariée le domicile de son mari. « Le domicile étant « établi, dit l'orateur du tribunal, pour fixer le lieu « de l'exercice des droits civils, actifs et passifs, les « personnes qui ne peuvent exercer ces droits que « sous l'autorisation et par le ministère d'un admi- « nistrateur ou protecteur légal, doivent avoir le même « domicile que lui, (Motifs du code civil, t. 1er, «p. 105). »

La séparation de corps donne à la femme le droit d'administrer ses revenus , d'avoir une habitation séparée, mais ne détruisant pas le mariage , elle laisse subsister la puissance du mari et l'incapacité de la femme hors les cas formellement exceptés. Les motifs que nous venons de rapporter, subsistent donc toujours, et comme ils sont fondés sur la puissance maritale à laquelle on ne peut renoncer, il en résulte que soit avant, soit après la séparation de corps, la femme ne saurait avoir un domicile propre du consentement même de son mari. (V. M. Merlin, t. 16, p. 187.) Le domicile quant au mariage s'établit par six mois d'habitation, ce qui n'exclut pas le droit de contracter mariage au véritable domicile, mais dans tous les cas les publications doivent être faites aux deux endroits.

Faire élection de domicile dans un autre lieu que

celui du domicile réel pour l'exécution d'un acte, c'est consentir à ce que les significations, demandes et poursuites relatives à cet acte, puissent être faites au domicile élu comme au domicile réel, c'est contracter une obligation accessoire qui passe aux héritiers avec l'obligation principale.

Comme cette élection de domicile est une renonciation à un droit, elle doit être formellement exprimée. Ainsi le pouvoir donné à un mandataire qui n'en a pas fait usage, d'élire domicile dans le contrat qu'il devait passer pour le mandant, n'équivaut pas contre celui-ci à une élection effective dans la demeure du mandataire. Mais une fois stipulée, elle ne peut plus être révoquée que du consentement de l'autre partie, et tel est l'effet de cette clause de style mise souvent sans intention : pour l'exécution des présentes, les parties font élection de domicile en leurs demeures respectives.

D'après la rédaction littérale de l'art. 111 du Code, et sur-tout d'après ces paroles des orateurs du gouvernement et du tribunat : « On exige que l'élection de domicile soit faite dans l'acte auquel elle se réfère ; » « Il faut que cette dérogation soit stipulée dans chacun des actes auxquels elle se rapporte ; » on a prétendu qu'elle ne pouvait être faite par un acte postérieur. Mais pour établir une proposition si contraire au droit commun que les parties ne peuvent en tout temps ajouter à leurs conventions, les modifier, proroger la juridiction d'un tribunal, il faudrait de plus fortes preuves que les expressions isolées d'un seul article, d'où on doit seulement conclure que le législateur s'est occupé du cas le plus ordinaire. Cette interprétation judaïque n'aurait d'ailleurs d'autre effet que d'imposer une gêne inutile, ou de favoriser l'homme de mauvaise foi qui veut manquer à ses engagemens. Il y a plus, comme les parties n'ont eu d'autre intention en faisant élection de domicile dans un arrondissement que d'en saisir le tribunal, si la personne indiquée par l'un des contractans vient à mourir ou à prendre sa confiance, celui-ci pourrait choisir un nouveau domicile dans le même arrondissement, c'est-à-dire révoquer un mandat dont l'exécution est désormais impossible, et l'autre partie ne saurait s'opposer à cette révocation, n'y ayant aucun intérêt.

DES ABSENS.

Code civil, livre 1er, titre 4.

On appelle ordinairement absent celui qui est éloigné de sa résidence habituelle, et celui qui ne se trouve pas au lieu où sa présence serait nécessaire. Mais dans le langage propre de la loi, l'absent est celui dont l'existence est incertaine, parce qu'on ignore sa résidence et qu'il ne donne pas de ses nouvelles.

L'époque à laquelle l'absence commence à être présumée, et les mesures qu'exige cet état varient tellement suivant les circonstances, que fixer des règles à ce sujet *eût été établir l'arbitraire de la loi bien plus dangereux que celui du juge.* Toutes ces questions ont donc été abandonnées à la sagesse des tribunaux.

Il faut d'abord qu'il y ait nécessité de pourvoir à l'administration de tout ou partie des biens du présumé absent qui n'a pas laissé de procuration, et que l'intervention de la justice soit requise par les parties ayant un intérêt légal, né et actuel, pouvant être la base d'une action.

Si le présumé absent était chargé d'un dépôt; s'il faisait partie d'une société dont l'acte refusât aux autres associés le droit d'agir sans lui; s'il a laissé des affaires urgentes, telles que l'exécution des congés de loyers, leur paiement, celui d'autres dettes exigibles (Motifs du Code civil, t. 1er, p. 170.); le propriétaire du dépôt, les anciens associés, les créanciers sont les parties intéressées dans le sens de l'art. 112.

Si ses terres restent sans culture; si ses meubles, ses provisions dépérissent; s'il faut prévenir l'insolvabilité d'un débiteur, empêcher une prescription de s'accomplir, le ministère public, spécialement chargé de veiller aux intérêts des présumés absens, doit provoquer les mesures convenables. Au reste, le Code n'en prescrit ni n'en exclut aucunes, pas même la nomination d'un curateur dont les pouvoirs seraient limités.

Cependant, si le présumé absent était appelé à une succession ouverte avant sa disparition ou ses dernières nouvelles, ou que ses cohéritiers reconnaissent son existence, si elle s'est ouverte depuis, le tribunal doit nommer un notaire pour le représenter

dans les inventaires, comptes, partages et liquida-
tions. Mais ce notaire ne peut porter en justice les
contestations relatives à ces opérations, intenter une
action en reddition de compte, ni provoquer le partage, qui d'ailleurs doit être fait conformément aux
art. 838 et suivans du Code civil. (M. Merlin,
t. 16, p. 4.)

La présomption d'absence doit être jugée par le
tribunal du domicile, et d'après ce jugement, chaque
tribunal doit pourvoir à l'administration des biens
situés dans son ressort. (M. Locré, t. 2, p. 306.)

Lorsqu'une personne a cessé de paraître au lieu de
son domicile ou de sa résidence, et qu'il s'est écoulé
quatre ans depuis cette époque ou le jour des dernières nouvelles, les parties intéressées peuvent se
pourvoir devant le tribunal de première instance
pour que l'absence soit déclarée.

On a dit qu'il fallait entendre par le jour des dernières nouvelles, celui où elles ont été reçues, l'absence pouvant être déclarée pendant le temps indis-
pensable au transport de la lettre, quoique l'absent
eût écrit avant l'expiration des cinq ans. (M. Delvincourt, t. 1er, p. 259.) Mais d'abord cette interprétation ne saurait être admise quand il s'agit de
déterminer le jour où l'absent est réputé mort, quand
les nouvelles ont été données par un tiers; et dans
l'hypothèse proposée, l'absent ayant dû calculer le
temps nécessaire au transport de sa lettre, sa négli-
gence n'autorise pas à imposer aux mêmes mots
deux sens aussi différens.

Pour constater l'absence, le tribunal ordonne
qu'une enquête soit faite dans les arrondissemens

du domicile ou de la résidence, s'ils sont distincts l'un de l'autre contradictoirement avec le procureur du roi, et celui-ci envoie les jugemens préparatoires et définitifs au ministre de la justice qui les rend publics.

Mais le tribunal n'est pas tenu de prononcer l'absence, même après quatre ans sans nouvelles, une foule de circonstances peuvent l'en détourner. Si , par exemple, l'absent avait annoncé le projet de séjourner plusieurs années dans quelque contrée lointaine, s'il avait entrepris un voyage de terre et de mer, qui, par son objet ou sa distance, exigeât un temps très long, ou si des causes particulières telles que la captivité ou la perte d'un navire avaient empêché de recevoir de ses nouvelles. (M. Locré, t. 2., p. 371.) Le jugement de déclaration d'absence n'est prononcé qu'un an après celui qui ordonne l'enquête. Mais ce dernier jugement peut-il ordonner en même temps l'envoi en possession provisoire ? l'article 20 du code civil, les articles 859 et 860 du code de procédure, semblent rédigés dans la supposition qu'il y aura deux jugemens distincts. Cependant lorsqu'on voit que ces articles ne sont pas impératifs, et que le code civil n'a mis aucun intervalle entre la déclaration d'absence et l'envoi en possession provisoire, on ne trouve aucun motif raisonnable pour exiger les frais d'un second jugement.

DES EFFETS DE L'ABSENCE.

L'absence une fois déclarée, les héritiers présomptifs de l'absent, au jour de sa disparition ou de ses dernières nouvelles, peuvent se faire envoyer en possession provisoire des biens qu'il possédait à cette époque, à la charge de donner caution pour la sûreté de leur administration. De là il résulte que si une succession s'est ouverte pendant l'absence présumée, et que les cohéritiers de l'absent aient volontairement reconnu son existence pour l'admettre au partage, sa part doit leur être restituée, sauf répétition dans le cas ou il serait prouvé que l'absent a pu la recueillir.

La loi du 11 ventose an 2 renferme des dispositions spéciales en faveur des défenseurs de la patrie. Elle ordonne qu'un curateur, nommé par le conseil de famille, administrera pour l'absent les immeubles de la succession. Art. 2, 4. Cette loi, que le code civil n'a pas abrogée, n'ayant pas été limitée à un certain temps, fut exécutée lors des guerres qui suivirent les traités d'Amiens et devait l'être encore s'il s'en déclarait de nouvelles. (V. M. Merlin, t. 16, p. 45.)

Si l'absent laisse une procuration, ses héritiers présomptifs ne peuvent poursuivre la déclaration d'absence et l'envoi en possession provisoire qu'après dix ans révolus, depuis sa disparition ou ses dernières nouvelles. Il en est de même si la procuration vient à cesser. (Art. 121-122.)

De la généralité de ces deux articles, on a conclu que le code, ne distinguant pas entre les différentes sortes de procurations, attribuait à toutes le même effet. (M. Toullier, t. 1", p. 365.)

Mais il est difficile de se rendre à cette opinion, car l'art. 120 parle du cas où l'absent n'a pas laissé de procuration pour l'administration de *ses biens*, et l'on ne peut entendre par là qu'une procuration générale; si donc elle était bornée à un certain objet, limitée à un court espace de temps, elle ne paraîtrait pas remplir les conditions de cet article.

Quand l'époux commun demande la dissolution provisoire de la communauté, il exerce ses reprises et tous ses droits légaux et conventionnels, à la charge de donner caution pour les choses susceptibles de restitution, c'est-à-dire tous les gains de survie en général, les meubles exclus de la communauté dont il serait donataire en cas de prédécès de l'autre époux, enfin les immeubles qu'il doit rendre en bon état.

Mais comme l'absent n'est réputé ni mort, ni vivant, cette incertitude n'est pas suffisante pour rompre nécessairement le plus sacré des contrats : l'époux commun en biens peut empêcher l'envoi en possession provisoire des héritiers, en demandant la continuation de la communauté, quand même elle serait réduite aux acquêts, le code ne distinguant pas entre les diverses espèces de communauté, et la raison de décider étant la même dans tous les cas.

Les effets de cette option varient suivant qu'elle est faite par le mari ou par la femme. Le mari, étant le maître de la communauté, conserve tous les droits qu'il avait auparavant. On lui a contesté celui d'aliéner les immeubles, parce que, si la mort de la femme venait à être prouvée, les aliénations postérieures pourraient nuire aux héritiers, qui remonteraient au jour du décès, pour lui demander compte de son administration. (M. Proudhon, t. 1", p. 173.)

Mais il semble plutôt que le mari devra récompenser pour la portion de capital et de fruits qui eût appartenu aux héritiers, si les aliénations n'eussent pas été faites; autrement la communauté ne continuerait pas, elle serait changée.

Le jugement qui donne à la femme l'administration de la communauté, la rend capable de tous les actes relatifs à cette administration, mais elle a besoin de l'autorisation de la justice pour hypothéquer ou aliéner les immeubles. Comme elle ne connaissait pas les forces de la communauté, et n'en était pas maîtresse, elle conserve toujours le droit d'y renoncer, et n'est tenue personnellement que des dettes contractées par elle pendant son administration, ou conjointement avec son mari.

Lorsque les héritiers présomptifs auront obtenu l'envoi en possession provisoire, le testament de l'absent sera ouvert, et tous ceux qui auront des droits subordonnés à la condition de ses décès, pourront les exercer provisoirement. (Art. 123.)

Doit-on conclure de cet article, que les héritiers institués, les légataires, les donataires de biens à venir ou de biens présens, avec réserve d'usufruit, ne peuvent exercer leurs droits que quand les héritiers présomptifs ont obtenu l'envoi en possession provisoire?

On donne pour l'affirmative les raisons suivantes : Les cours d'appel de Grenoble et de Lyon, le tribunat, dans ses observations, réclamaient une disposition formelle en faveur des personnes autres que les héritiers présomptifs, et qui auraient des droits subordonnés à la condition du décès de l'absent. Le conseil-d'état ne se rendit pas à cette demande, parce que l'intérêt de l'absent est le principal, que l'administration des héritiers a sur-tout été introduite en sa faveur, que cette administration n'existant pas, il n'y a point lieu d'admettre à l'exercice de leurs droits, des personnes dont les prétentions ont pour unique fondement le concours établi entre elles et les héritiers par l'envoi en possession provisoire. (M. Locré, t. 2, p. 434. M. Toullier, t. 1er, 372)

On répond pour la négative : L'envoi en possession provisoire a été partagé entre les héritiers et les légataires, afin que chacun fût intéressé à entretenir les biens dont il peut avoir un jour la propriété. Nous voyons même dans M. Locré, t. 2, p. 349, que si les héritiers présomptifs négligent d'agir, les héritiers du degré subséquent peuvent le faire, quoique les premiers puissent toujours réclamer leurs droits, et qu'ainsi le vrai motif de l'envoi en possession provisoire n'ait plus alors autant de force. Mais ce motif ne trouve-t-il pas justement son application, lorsque l'héritier présomptif, dépouillé par un testament ou une institution contractuelle, se refuse obstinément à demander un envoi en possession provisoire, dont il ne doit pas profiter ? Peut-il opposer à l'héritier constitué le défaut d'une condition qui ne manque que par son fait? (Loi 61, *De Regulis Juris.*)

Si l'on argumente des termes de l'art. 123, on répond qu'ils ne sont pas limitatifs, que le législateur s'est occupé du cas le plus ordinaire , celui où le testament serait secret; si l'on demande à qui l'héritier institué doit s'adresser (M. Toullier, p. 372), on répond que c'est au tribunal de première instance , où il aura par contradiction le ministère public et l'héritier présomptif. (*V.* M. Delvincourt, t. 1er, p. 266. M. Duranton, t. 1er, p. 326. M. Merlin, t. 16, p. 21.) Dès que la loi appelle tous les héritiers à la jouissance provisoire, celui d'entre eux qui y aurait eu droit et ne l'aurait pas obtenue, pourrait toujours en demander compte à ses cohéritiers ; mais ceux-ci ne lui devraient aucune part dans les fruits échus qu'ils ont perçus de bonne foi pour prix de leur administration.

Ceux qui ne jouissent qu'en vertu de l'envoi en possession provisoire, ne peuvent aliéner ni hypothéquer les immeubles de l'absent. Mais il semble que le tribunal pourrait, dans l'intérêt de l'absent, autoriser l'hypothèque ou même l'aliénation d'un des immeubles , pour empêcher, par exemple, qu'un autre d'une plus grande valeur ne fût saisi immobilièrement. (Arg. de l'art. 457.)

Est-il défendu aux envoyés en possession provisoire, de vendre les meubles de l'absent? L'affirmative paraît au premier abord résulter de l'art. 126. Mais de ce que le tribunal peut ordonner la vente d'une partie du mobilier, il ne suit pas nécessairement que le reste soit aliénable, et l'art. 128 établit la négative en bornant sa défense aux immeubles. Au reste, la question n'est douteuse que pour les créances, car en fait de meubles corporels, la possession vaut titre.

Si l'absent reparaît après l'envoi en possession définitif, il recouvre ses biens dans l'état où ils se trouvent, le prix de ceux qui auraient été aliénés, ou les biens provenant de l'emploi du prix (Art. 132).

On voit clairement par cet article, que ni l'absent ni ses héritiers ne doivent s'enrichir aux dépens l'un de l'autre. Aussi l'héritier conserve les revenus échus quoique non payés, et il ne doit aucune indemnité à l'absent s'il a aliéné ses biens à titre gratuit, ou si les ayant vendus, il n'en a pas reçu le prix.

Les enfans et descendans directs de l'absent peuvent exercer les mêmes droits dans les trente ans, à compter de l'envoi en possession définitif; mais cette prescription doit-elle courir contre eux pendant leur minorité?

On dit pour l'affirmative : si en général la prescription ne court pas contre les mineurs (art. 2252), c'est quand elle est soumise aux règles établies par le titre du code particulièrement décrété sur cette matière, mais quand il s'agit de prescriptions mentionnées dans d'autres titres, on ne doit pas chercher ailleurs les règles qui y sont relatives. Or, l'art. 133 du Code établit en faveur des descendans directs de l'absent une prescription extraordinaire de 60 ans, sans faire aucune distinction entre les majeurs et les mineurs; (M. Proudhon, t. 1er, p. 182; M. Duranton, t. 1er, p. 414).

Cependant l'opinion contraire semble préférable.

En effet, l'art. 2264 ainsi conçu : «Les règles sur la
« prescription sur d'autres objets que ceux men-
« tionnés dans le présent titre sont expliquées dans
« les titres qui lui sont propres ; » fait partie du
chapitre v placé sous cette rubrique : *du temps requis pour prescrire ;* ses dispositions doivent donc
seulement se rapporter au temps requis pour prescrire, et non aux personnes en faveur desquelles la
prescription est suspendue.

L'art. 2252 nous prouve qu'il faut pour prescrire
contre les mineurs une disposition formelle comme
celle de l'art. 2278 ; disposition qui n'existe pas au
titre des absens. Enfin cette prescription est la plus
défavorable de toutes, puisque la libre circulation
des biens n'est pas entravée depuis l'envoi en possession définitif.

Après la déclaration d'absence, toute personne
ayant des droits à exercer contre l'absent ne peut
les poursuivre que contre ceux qui ont été envoyés
en possession des biens ou qui en ont l'administration
légale (art. 134). L'héritier envoyé en possession
provisoire est donc chargé d'exercer toutes les actions de l'absent, et de défendre à toutes celles
qu'on peut diriger contre lui. Mais si cet héritier est
présent, dans le sens de l'art. 2265, ne faudrait-il au
tiers acquéreur de bonne foi que dix ans pour prescrire la propriété d'un immeuble appartenant à l'absent? La prescription serait-elle suspendue par la
minorité de l'héritier?

Pour résoudre cette question, il suffit de voir par
qui et contre qui les actions seront exercées. Comme
l'héritier, par rapport à l'absent, n'est que déposi-

taire simple administrateur, mais propriétaire par rapport aux tiers ; comme la vie et la mort de l'absent sont également incertaines, et que le demandeur doit prouver son existence ou sa non-existence pour exciper de l'une ou de l'autre, il résulte que durant l'absence la prescription se règle d'après la qualité de l'héritier, d'après celle de l'absent, une fois qu'il est de retour ; ainsi dans l'exemple proposé, l'acquéreur de l'immeuble n'aura prescrit que par vingt ans, et la prescription qu'avait suspendue la minorité de l'héritier n'aura pas cessé de courir. (V. M. Delvincourt, t. 1er, p. 272 ; M. Proudhon, t. 1er, p. 190 ; M. Merlin, t. 16, p. 29).

DES EFFETS DE L'ABSENCE RELATIVEMENT AUX DROITS ÉVENTUELS QUI PEUVENT COMPÉTER A L'ABSENT.

Pour réclamer un droit échu à un absent présumé ou déclaré, il faut prouver son existence lors de l'ouverture de ce droit. L'art 136 faisant à une succession l'application de ce principe, dit qu'elle sera dévolue exclusivement à ceux avec lesquels l'absent aurait eu le droit de concourir, ou à ceux qui l'auraient recueillie à son défaut.

Il s'est élevé sur le sens de cet article une question vivement controversée par les auteurs, à propos de l'espèce suivante :

Un absent a laissé, lors de sa disparution, un père, des enfans et un frère. Le père venant à mourir, le

frère, avec qui l'absent aurait eu le droit de concourir, recevra-t-il exclusivement la succession, ou
sera-t-elle partagée avec les enfans venant au défaut
de l'absent et par droit de représentation ?

On dit en faveur des enfans : 1.° Si le père est mort,
ils le représentent ; s'il est vivant, ils exercent ses droits
comme envoyés en possession provisoire. Ainsi, dans
tous les cas, ils doivent venir à la succession. (M. Delvincourt, t. 1er, p. 282). 2° Dans les dispositions de
la loi ou de l'homme, la disjonctive *ou* a, suivant les
circonstances, le sens de la conjonctive *et* (loi 4 au
Code de verb. signif.). Or l'art. 131 admet au partage
les héritiers de l'absent, s'ils viennent par représentation, et les repousse dans le cas contraire (M. Merlin, t. 16, p. 47). A l'appui de cette interprétation on
ajoute que l'art. du projet du Code civil était ainsi
rédigé : La succession sera dévolue exclusivement aux
seuls parens avec lesquels l'absent aurait eu le droit
de concourir, ou aux parens du dégré subséquent ;
que cet article critiqué par les Cours d'appel d'A-
miens et de Liège, et maintenu d'abord par le conseil d'état, fut, sur la proposition du tribunat, rédigé
comme il l'est actuellement ; et des motifs de ce chan-
gement rapportés par M. Favard de Langlade (Conférence du Code. t. 1er, p. 140.), on conclut la voca-
tion des représentans de l'absent (M. Merlin, t. 16,
pag. 46).

Enfin, on plaint le sort des enfans de l'absent,
déjà assez malheureux d'être privés des soins de leur
père, ainsi écartés d'une succession que sans doute
ils sont appelés à partager un jour.

Mais on répond à la première objection. L'alternative n'est pas inévitable; car le père peut être vivant et ne pas vouloir accepter la succession. Or, c'est aux enfans à prouver que leur père accepte ou qu'il est décédé; ce sont eux qui sont demandeurs, et leur oncle est saisi de toute la succession, tant qu'aucun cohéritier ne se présente pour la partager.

Sans nier les principes sur lesquels repose la seconde objection, on les écarte comme inapplicables à l'art. 36. En effet, le mot *exclusivement*, exprimé dans le premier membre de phrase, et sous entendu dans le second, repousse invinciblement toute idée de concurrence, et n'admet qu'un appel successif. On en trouve à chaque instant la preuve dans les procès-verbaux du conseil d'état : L'absent n'étant réputé ni mort, ni vivant, il en résulte qu'on est obligé de prouver sa vie ou sa mort, suivant que l'action qu'on exerce est fondée sur l'hypothèse de son existence ou de sa non existence. (t. 1er, p. 227.) Les représentans de l'absent se trouvent exclus, et par cette disposition l'art. 136 confirme de nouveau ce principe, que même, après la déclaration d'absence, la vie et la mort de l'absent demeurent également incertaines. (Procès-verbal du 4 frimaire an x, rapporté par M. Locré, t. 2, p. 523. — M. Malleville, t. 1er, p. 152.)

On répond à l'argument tiré des observations du tribunal; qu'en lisant le texte cité de M. Favard de Langlade, on n'en saurait rien conclure légitimement, sinon que cette nouvelle rédaction a le mérite de comprendre en même temps, les successions testamentaires et les successions légitimes.

Enfin, si les enfans sont à plaindre, c'est la loi

seule qu'il faut en accuser; elle est dure ; mais elle est loi, *lex dura, sed scripta.*

L'art, 137 réserve à l'absent ou à ses représentans la pétition d'hérédité ; nouvelle preuve de l'opinion que nous avons tâché d'établir. Pour la repousser on a dit que ces mots représentans ou ayant cause, sont ici synonymes l'un de l'autre; qu'autrement l'exactitude grammaticale exigerait ses représentans ou *ses* ayant cause. (M. Merlin, t. 16, p. 47.) Mais cette incorrection de langage se retrouve dans l'art. 241 du projet dont le sens était déterminé par l'art. précédent, et où il n'était pas douteux, que par *représentans*, on ne dût entendre les descendans. Cependant, si les héritiers présens dilapident la succession et sont insolvables , la pétition d'hérédité devient illusoire. Aussi le législateur a-t-il encouru le reproche d'imprévoyance; et les tribu_ aux ont quelquefois violé la lettre de la loi, en commettant un notaire pour représenter, au scellé et à l'inventaire, des personnes dont l'existence n'était pas reconnue. (V. M. Toullier, t. 1ᵉʳ, p. 406. — M. Merlin, t. 16, pag. 38.)

DES EFFETS DE L'ABSENCE RELATIVEMENT AU MARIAGE.

L'époux absent, dont le conjoint a contracté une nouvelle union, sera seul recevable à attaquer ce mariage, par lui-même ou par son fondé de pouvoir, muni de la preuve de son existence. (Art. 139.)

Cet article doit-il recevoir son application, même après le retour de l'absent. (M. Toullier l'affirme, t. 1er, p. 410.) Cependant l'opinion contraire semble préférable.

Au rapporrt de M. Locré, t. 2, p. 527, le conseil d'état a voulu ériger en loi cette belle maxime de l'avocat-général Gilbert Desvoisins ; que si l'incertitude de la mort de l'un des époux ne doit jamais suffire pour contracter un nouveau mariage, elle ne doit jamais suffire aussi pour troubler un mariage contracté. On ne saurait donc trouver un meilleur commentaire de l'art. 139, que dans le discours même où ce principe a été posé. (V. nouveau Denisart, par MM. Camus et Bayard, t. 1er, p. 59.) Des collatéraux attaquaient un testament fait en faveur d'une épouse dont le premier mari était absent ; l'avocat-général établit : « Que le point de droit de la validité « du second mariage, dépendant du point de fait de « la vie ou de la mort du premier mari, et ceux qui « attaquent le testament ne faisant pas la preuve de « ce fait, leur demande ne doit pas être, *quant à* « *présent*, écoutée. » Elle l'eût donc été après le retour de l'absent ; car les mêmes motifs ne subsistent plus. Quand on avait seulement des doutes sur la légitimité du mariage, il devait être respecté ; il ne doit plus l'être quand son illégitimité est certaine. L'exécution d'une loi d'ordre public ne s'aurait jamais dépendre de la volonté d'un citoyen. Nous croyons donc que cette seconde union peut alors être attaquée conformement à l'art. 184 du Code. (V. M. Malleville, t. 1er, p. 201. — M. Delvincourt, t. 1er, p. 286. — M. Duranton, t. 1er, p. 428.)

Il ne s'est élevé aucune difficulté sur le chapitre IV, qui traite de la surveillance des enfans mineurs dont le père a disparu.

IMPRIMERIE DE E. POCHARD,
RUE DU POT-DE-FER, N. 14.